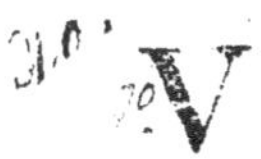

Bibliothèque Générale de Cinémato[graphie]

[CON]FÉRENCES SUR LA CINÉMATOGRAPHIE
Organisées par le Syndicat
DES AUTEURS ET GENS DE LETTRES

HUITIÈME CONFÉRENCE

Le Geste et l'Attitude

L'Art Mimique
au
Cinématographe

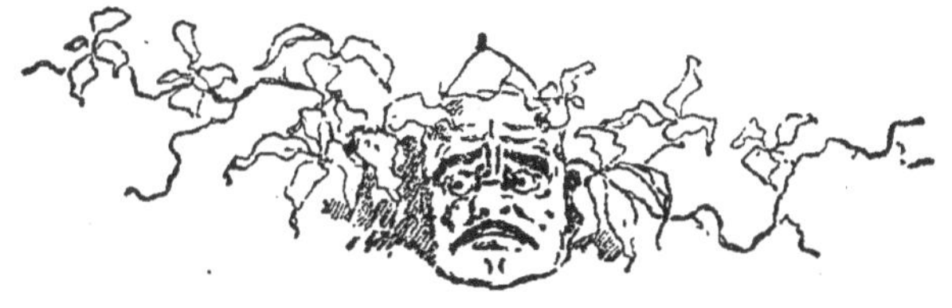

PARIS
COMPTOIR D'ÉDITION DE « CINÉMA-REVUE »
118, Rue d'Assas, 118

HUITIÈME CONFÉRENCE

Le Geste et l'Attitude

L'Art Mimique

au

Cinématographe

Par E. KRESS

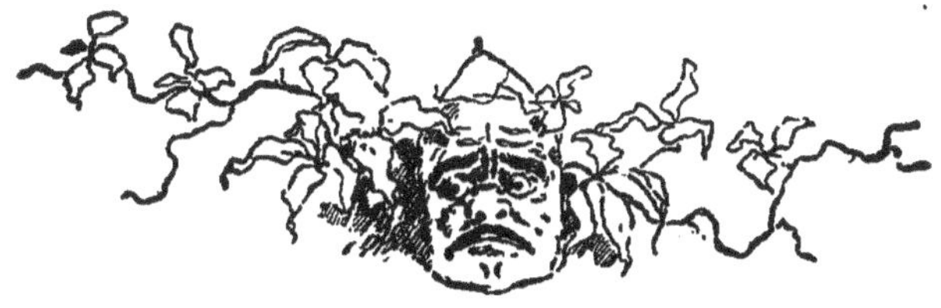

PARIS
COMPTOIR D'ÉDITION DE " CINÉMA-REVUE "
118, Rue d'Assas, 118

CONFÉRENCES

SUR LA

CINÉMATOGRAPHIE

HUITIÈME CONFÉRENCE

Le Geste et l'Attitude

L'ART MIMIQUE

AU

CINÉMATOGRAPHE

Le Cinématographe a rénové l'art de la pantomime, et non seulement il l'a rénové, mais il l'a soumis à des règles nouvelles, l'objectif photographique ne voyant pas de la même façon que l'œil et l'artiste devant tenir compte de l'automatisme mécanique de l'appareil prise de vues. Ne savons-nous pas, en effet, qu'en ralentissant le mouvement de rotation de ce dernier, la bande obtenue nous fournira, à la cadence normale du projecteur, l'illusion de mouvements plus rapides que les mouvements originaux ; ne savons-nous pas aussi que les mouvements circulaires peuvent être entièrement inversés à la projection ? Le jeu de l'artiste de Cinématographe a donc besoin d'être réglé suivant une technique basée non seulement sur les principes de cet art photographique qui porte si haut et si loin les maîtres Puyo, Boissonnas, etc., mais sur ceux que peuvent seules inspirer l'étude et la pratique journalières d'un théâtre nouveau.

En règle générale, l'objectif atténue dans une large mesure l'expression de la physionomie ; celle-ci devra donc être considérablement exagérée et nous redirons avec Marmontel : « Le mime doit parler aux yeux un langage plus passionné que celui de la parole, plus véhément que l'éloquence même, aucune langue ne pouvant en égaler la force et la chaleur. »

Ce serait dépasser le cadre que nous nous sommes imposés, qu'entreprendre l'histoire, même concise, de la pantomime à travers les âges. Pour fixer une date il nous faudrait remonter sinon au Chariot de Thespis et au Grec Susarion, du moins au Syracusain Sophron, auteur de pièces dialoguées, sortes de revues locales, auxquelles il donna le nom de *mimes* alors qu'il s'intitula lui-même *pantomime*, exactement l'inverse de ce que nous entendons sous les mêmes dénominations.

Vers 250 avant notre ère, l'art mimique fut importé

à Rome par l'affranchi Livius Andronicus dont les œuvres comportaient trois parties distinctes : le *Diverbium* ou dialogue, le *Canticum* joué par un seul acteur à la fois danseur et chanteur, que l'*hister* accompagnait sur la flûte ; enfin le *Choricum* chanté et dansé par le chœur.

C'est du Canticum que devait fortuitement naître la pantomime romaine. Un jour Livius devint, en plein théâtre, subitement aphone ; il demanda l'autorisation de mimer son rôle et il le fit avec une telle chaleur, avec une telle vérité que, non seulement il souleva l'enthousiasme de la foule, mais que le *Diverbium* disparut comme inutile. Le Canticum devint alors la danse italique, aux trois pas grecs, connus sous les noms de *Cordace*, d'*Emmelis* et de *Sycinnis*.

Le succès du nouveau théâtre fut formidable. Bathyle et Pylade y introduisirent l'usage du Livret. Leurs querelles causèrent de véritables émeutes. On vit Cicéron défier le mime Roscius et les Empereurs participer aux représentations ; la femme apparaît sur la scène et avec elle des saturnales sans nom ; on en vint à concéder aux mimes non seulement les honneurs réservés aux patriciens et aux héros, mais le pouvoir de conjurer les calamités publiques ; alors qu'elle expulsait les étrangers et les bouches inutiles en temps de famine, Rome conservait et nourrissait princièrement ses histrions.

Au moyen âge la pantomime perd de sa notoriété. Jusque là confondus avec les poètes, les mimes et les bouffons forment en 1330 la Confrérie des *Bateleurs*. Toutefois, en Italie, l'art mimique se perpétue et y devient la *Comedia dell'Arte*. En 1577, Scala Flaminio amène au château de Blois sa troupe des *Gelosi*. Par arrêt du Parlement, les Confrères de la passion obtiennent l'exil des Italiens ; Henri IV les rappelle rue de la Poterie et en 1645 Louis XIII fait venir l'illustre Fiurelli, le scaramouche classique, amuseur ordinaire du Dauphin.

A côté de Scaramouche brillait Dominique Locatelli, le fameux Arlequin « au vêtement bigarré de certains perroquets, au masque noirci et lustré du grillon des champs » pour lequel Santeuil écrivit la fameuse devise : « Castigat ridendo mores ».

Molière fut l'ami, presque l'élève des Comédiens italiens. Si Arlequin, le Financier, le Père noble et le Niais procèdent de la tradition romaine, Pierrot naquit du Pédrelino italien, type du valet poltron, farceur mais honnête, qui formait avec Arlequin le couple de Zanni que Molière synthétisa dans un type nouveau, Scapin. D'ailleurs Molière fixa également dans *Don Juan* le prototype de Pierrot que créa Giraton en le coiffant du large chapeau noir, en l'ornant de la fraise en l'habillant enfin de ce costume blanc et lache qui restera la caractéristique du personnage.

L'histoire des Pierrot serait longue à écrire : c'est Hamoche qui obtint de Lulli la musique : « Au Clair de la Lune » Sticotti, Bréon, Pietro Sodi, etc. Sur l'ordre de Mme de Maintenon, les mimes durent émigrer aux foires de Saint-Germain et de Saint-Laurent. C'est alors qu'entre « forains » et « Romains » de la Comédie française éclata la fameuse querelle qui aboutit à l'édit prohibitif de La Reynie mais qui, du même coup fit triompher la pantomine et les ballets.

Nous voici en pleine période républicaine ; Sallé et Noverre ont transformé l'Opéra. Gardet met à la scène la « Marseillaise » et nous fournit du même coup le bas-relief de Rude. Du décret de 1795 donnant au Théâtre la liberté, naissent ces théâtres à quatre sous qui se concentrent Boulevard du Temple, Boulevard du Crime.

Le théâtre des Funambules y devient célèbre avec Gaspard Débureau, Pierrot Jacques Bonhomme, né de l'étude de Molière, doublé d'« un Gilles froid, sérieux, railleur, satirique, qui agit sans raison, sert ses ennemis par paradoxe et bat ses amis par excès de bon goût ». Charles Débureau continue avec plus de finesse la tradition paternelle. Avec Pierre Legrand nous avons Pierrot moraliste, avec A. Guyon le Frégoli imitateur de tous les personnages en renom et aussi le remarquable metteur en scène qui en 1883 devait régler « Pierrot assassin » pantomine de Richepin écrite pour Sarah Bernardt et Réjane. Ce fut au Cirque Franconi que Talma alla chercher le mime Frederik Lemaitre pour le faire entrer à la Comédie Française.

Arrêtons-nous un instant sur le nom de Rouffé car il marque une date, celle de l'évolution de la pantomime vers l'étude des types de la vie réelle. Rouffé est le précurseur de nos acteurs de cinématographe. Un souvenir aux Derudder, Kalpestri, Becker, Zanfretta, Dorst et surtout aux Hanlon-Lee, protagonistes des culbutes, des cascades étourdissantes qui, souligne Banville, semblent avoir choisi le mot impossible comme devise. Ce qui est caractéristique chez les mimes anglais dont les ancêtres furent Rich, Grimaldi, Flexmore, Nelson, Garrick, et Malhevos, c'est, en opposition aux plus extraordinaires situations, aux tours les plus périlleux, l'exagération d'un flegme parfait. La pantomime anglaise mérite le qualificatif d' « épileptique » que lui donna Baudelaire et que les Hanlon-Lee devaient consacrer.

Quoi qu'il en soit, malgré les efforts du Cercle funambulesque fondé par Félix Larcher, la pantomime aurait disparu devant l'art de la diction, si le Cinématographe n'était venu la ressusciter et ce n'a pas été un mince étonnement pour les comédiens les plus goûtés du public, de découvrir eux-mêmes leur inexpérience de l'art du geste et de l'attitude.

A étudier le jeu des contemporains, Wague, Séverin,

André Deed, Prince, Capellini, Baron, nous ne ferions qu'œuvre de critique personnel ; il est préférable que nous tentions d'apporter quelques précisions sur ce qu'on pourrait appeler, si le terme n'était trop dogmatique : « la *Grammaire de l'art mimique* ».

MISE EN SCÈNE ET ART MIMIQUE

L'art mimique poursuit, grâce à une technique spéciale, la réalisation d'effets particuliers, procurant un ensemble de sensations analogues à celles qu'excite en nous le rêve, allant du songe léger et reposant à l'hallucination accablante et comme maladive.

Les ressources du langage mimé doivent être familières non seulement aux comédiens et aux artistes peintres, sculpteurs, photographes, mais encore, mais principalement à tous les auteurs qui écrivent pour la pantomime, pour le cinématographe. Que veulent dire ces mots : « colère », « irritation », « joie », « conversation animée » sinon qu'on laisse aux artistes le soin de *créer* de véritables situations que l'auteur devrait définir ?

Le scénario d'une pantomime doit comporter, comme toute œuvre dramatique, des monologues et des dialogues qui puissent être mimés, sans effort inventif par les artistes.

Quelques mots sur la mise en scène, ou plus exactement sur le caractère objectif de la représentation cinématographique ne seront pas inutiles.

La sensualité et l'individualité priment le goût actuel et plus que tout autre celui du cinématographe, j'entends du théâtre cinématographique. Il semble bien en effet que le *hasard*, ce hasard qu'on oppose sans cesse à l'*art* lorsqu'on confond *art* et *artificiel*, y soit devenu un *ressort dramatique*. Méfiez-vous auteurs de scénarios! L'écran n'est pas comme la scène théâtrale, pour donner au spectateur comme une satisfaction de logique dans la déduction personnelle. C'est la vie, c'est le spectacle incohérent et journalier que l'on recherche et même qu'on sollicite.

Le cinématographe sous peine de disparaître doit être un autre théâtre, théâtre où le sens seul de la vue prime à ce point tous les autres qu'il peut exciter les réflexes endormis, odorat et peut-être toucher. Au cinématographe il ne peut plus y avoir que des sensations organiques, précédant logiquement les déductions intellectuelles.

Est-ce à dire pour cela que la mise en scène puisse, doive comporter des contradictions, ce que quelques-uns nommeraient des oppositions nécessaires. Non, comme le théâtre, le cinématographe *théâtral* ne nous doit que des *apparences*, des sensations optiques *exactes*. De là des différences que nous avons déjà signalées dans le costume et qui nous font rechercher pour les plis larges et amples, capables de la *ligne*, l'usage de la laine substitué à celui de la soie et de la gaze légères.

Le Cinématographe veut imiter, truquer la Nature, toutes les fois que le « plein air » lui est interdit, et encore le « plein air »? mais il est plus truqué que le théâtre! Je me souviens d'un brevet de la maison G..... et qui est un chef-d'œuvre d'adaptation aux nécessités que nous impose l'habituel public. Il y a un degré d'approximation que l'on ne doit pas franchir. Et c'est pour cela que l'opérateur de cinématographe doit varier sa trousse d'objectifs pour imiter l'œil qui s'adapte aux distances. Il faut subordonner à la représentation qui n'est au fond que de la *présentation;* de là les idées générales qni conviennent aux caractères.

Et voici que tout d'un coup naît le paradoxe; il n'y a pas de caractères, il n'y a que des *attitudes*. Et c'est l'aveu de La Bruyère lui-même c'est le triomphe de la vie, de ce qu'au cinématographe, on a trop spécialisé : « la poursuite »! La « poursuite » qui entraîne le *moi*, qui lui fait épouser toutes les péripéties de l'action dramatique. L'acteur n'est plus que l'expression d'un « moi » objectivé revêtant les formes que lui impose le hasard fugitif, mais qui laisse sur la physionomie, sur l'attitude, des traces que l'objectif photographique traduit rigoureusement, comme il traduirait les temps d'un *verbe* présent, passé, futur !

Les *pronoms*, je, tu, il, ne sont cependant uniquement intelligibles qu'autant qu'ils s'appliquent à des personnes, à des objets pouvant être désignés au cours même de l'action. L'art mimique est un langage d'action. Les *adjectifs de possession :* mon, ton, son, etc. ; ceci, cela, on, y, sont également traduisibles par des gestes d'indication directe ; mais les conjonctions, les pronoms indéfinis comme quiconque, quelque, ne peuvent être traduits que par des gestes vagues se confondant avec des gestes négatifs, précédés de gestes de numération.

Les grammairiens nous enseignent qu'il n'existe qu'un seul *verbe*, le verbe « être » d'accord en cela avec la grammaire mimique qui le confond avec l'indication du *moi* rapporté aux ocnditions, aux modes du *temps*. Je *dors*, se traduira donc par : je *suis dormant*, ou plus exactement encore par *moi dormant*. Le verbe être, puisqu'il ne s'agit que de lui, peut-il être conjugué en tous ses temps, au moyen du langage mimé ? C'est incontestable pour le temps *présent*, lié à l'action ; pour le *passé*, les apparitions rétrospectives, si particulières au cinématographe, résoudront bien des difficultés ; quant au *futur* le seul fait que l'acteur se dispose à accomplir une action indiquée par son costume ou par les accessoires dont il se sert, suffit à préciser le temps de cette action ; par exemple : le chasseur équipé, suivi de ses chiens franchissant le seuil de la maison ; le guichetier qui se munit de clefs pour ouvrir une porte. Le futur est donc corrélatif de la mise en scène.

D'une façon générale les verbes représentatifs d'un acte, d'un travail, d'une fonction seront mimés par des gestes propres à ce travail, à cet acte, à cette fonction (boire, marteler, chanter). Rire, pleurer, sont au contraire des *verbes subjectifs* qui ne peuvent être compris du public que grâce aux gestes, aux attitudes qui précéderaient chez lui-même les actions de rire ou de pleurer. Ici le spectateur se reconnaît dans l'acteur.

Cette distinction est caractéristique.

A moins de le dessiner, de le désigner par un accessoire quelconque, le mime ne peut donner l'idée d'un objet que par le geste qui correspond à l'usage de cet objet. C'est ainsi que le simulacre de *brosser*, signifiera une *brosse* mais certains substantifs impersonnels et généraux comme le mot *humanité* seront difficiles, sinon impossibles à mimer.

Comme les substantifs, les adjectifs seront traduits par des gestes correspondant à la *façon d'être :* gai, grand, gros, joli, etc., quant aux adjectifs d'idées générales ou abstraites : humanitaire, scientifique, leur notion ne peut se dégager que de l'action ou de la mise en scène.

Les *adverbes* qui dérivent des verbes sont traduits par les mêmes gestes que les verbes eux-mêmes. Quant aux autres (ici, là, devant, derrière, oui, non) les gestes de position, d'affirmation les interprètent clairement. Quant aux adverbes de situation plus ou moins définie dans le temps, ils se réclameront de moyens accessoires (lettres, éphémérides). D'ailleurs les conjonctions et les prépositions qui ne servent qu'à relier les parties du discours, qui ne sont elles-mêmes que des accessoires variant avec le génie des différentes langues, ne demandent pas à être traduites par le geste et par l'attitude dont la caractéristique est la concision. Les interjections sont de véritables adverbes, elles sont corrélatives de l'amplification du geste (oh, ah, etc.).

L'art mimique repose donc sur un certain nombre d'attitudes, de mouvements caractéristiques que tout le monde comprend parce qu'ils sont *naturels*. Chaque personne, chaque type doivent procéder d'une attitude permanente qui nous permette d'en définir l'humeur, la position sociale, de le nommer. Cette attitude, synthèse de mouvements corrélatifs, est précisément ce que nous entendons par *caractère*. Sur cette attitude viennent se greffer les mouvements, les *gestes d'action* dont l'ensemble détermine, pour le spectateur, les situations dramatiques et qui ne sont en réalité que les harmoniques du « moi » de l'acteur. Ce n'est là plus le langage mimique naturel tel que l'a défini Condillac, mais le langage artificiel qui procède par comparaison et qui caractérise l'art de la pantomime.

Nous croyons avoir démontré à l'auteur de scénarios qu'il ne saurait se contenter de formules vagues et imprécises, laissant l'acteur dans l'embarras ; il nous faut maintenant serrer de plus près la question et songer à l'artiste lui-même.

Une définition de la *marche classique* telle que nous l'admirons chez nos meilleurs interprètes, va nous servir de base pour en déduire les attitudes particulières à certaines situations dramatiques, à certains personnages dont le caractère doit être cinématographiquement établi.

La tête sera tenue haute, sans raideur affectée (du moins dans la majorité des cas), les bras *glisseront* le long du corps, les mains paume en dedans, seront mi-fermées ; défions-nous des gestes qui font jaillir les mains hors de l'écran. Quant au pied, on veillera à en lever d'abord le talon, puis la pointe glissant au ras du sol, le *genou peu articulé*. On évitera, venant du fond de se diriger immédiatement à la place qu'on doit définitivement occuper, à moins d'effet voulu ; on évitera que le spectateur soit dérouté par l'apparition brusque d'un acteur nouveau. Quand l'action veut que le personnage soit nettement « posé » (et si ce personnage est à droite de l'appareil prise de vue), la jambe en sera disposée la pointe du pied tournée vers l'opérateur le poids du corps portant sur la jambe droite, en retrait, les talons ne devant jamais être joints. Si l'acteur est à gauche de l'appareil, la position des jambes sera inversée.

Dans le *dialogue*, l'interlocuteur prendra la pose un peu au-dessus de l'antagoniste ce dernier portant la jambe droite en avant si le protagoniste est à gauche.

La main complète le geste conduit par l'avant-bras, le coude restant près du corps et tourné en dedans ; n'écarter les doigts que pour les seuls gestes de répulsion ou d'horreur. D'ailleurs on évitera de présenter les mains dos ou paume entièrement tournés vers l'objectif, de faire un geste du bras droit, de tourner la jambe droite vers le partenaire situé à gauche.

Passons rapidement sur les gestes qui accompagnent ou signifient la répulsion, l'invocation, l'ordre donné ou reçu, pour nous arrêter sur des attitudes cinématographiques fréquentes, comme : prier, s'agenouiller, croiser les bras, pleurer.

Alors que pour la supplique, les bras et les mains (celles-ci les doigts légèrement écartés) sont tenus en un geste *rigide*, dans la supplication, dans la prière religieuse, les coudes sont au corps, les mains et les doigts sont joints, allongés les uns contre les autres ; dans la prière passionnelle, les mains sont au contraire paume contre paume, les doigts se chevauchent, les pouces se croisent et les bras sont peu tendus.

La façon de croiser les bras différera suivant que le geste est ou non religieux. Pour ce dernier cas, les bras sont disposés en croix sur la poitrine, les mains, doigts étendus et joints, sont étendues, la gauche touchant l'épaule droite, la droite l'épaule gauche ; en d'autres circonstances (réflexion, interrogation) le poing droit sera ramené sur le côté gauche du corps, la main gauche ouverte ou fermée reposant sur l'avant-bras droit.

Il y a deux façons classiques de pleurer ; dans l'une les deux mains, doigts étendus, portées aux tempes ont un double mouvement, la gauche venant comprimer les battements du cœur, la droite légèrement écartée, venant masquer le front et la joue ; dans l'autre les mains portées tout d'abord en avant, sont ensuite rapprochées du visage, les doigts allongés et joints sur les yeux ; l'inclinaison du torse en avant complète l'attitude.

Lorsqu'on voudra s'asseoir on évitera de chercher le siège ou de marquer cette recherche par un regard trop prolongé. Si le siège est à droite, appuyer la jambe droite contre lui, en son milieu, prendre place sur le bord, la jambe gauche appuyant contre le meuble, la jambe droite se tendant.

Pour saluer un personnage placé à droite, on allongera la jambe droite, le pied bien à plat sur le plancher, incliner légèrement le torse et la tête, les épaules suivant le mouvement, la jambe gauche ployant légèrement. Le paysan saluera par petits pas précipités, comme traînants, exécutés en arrière. Ce salut est un peu celui de la soubrette avec cette différence que l'artiste ploie puis redresse les genoux à chaque inclinaison très légère du torse en avant. D'ailleurs le salut est ou non accompagné de mouvements de bras (salut oriental) selon les usages du pays où se passe l'action.

Lorsqu'on aura un objet à ramasser, on le fera en pliant les genoux de façon que le buste reste droit et on utilisera seulement la main qui se trouvera du même côté que l'objet. Le geste a quelque analogie avec celui de l'agenouillement.

Demande-t-on à boire ? Tendre la coupe au bout du bras nettement étendu, en évitant de crisper la main, le bras décrira ensuite un demi-cercle pour porter aux lèvres le récipient, la main et la tête se relevant seules pour le geste de boire.

Nous avons signalé les déformations que l'objectif faisait subir à la main ; pour les éviter on prendra la main de l'antagoniste en dessous et par les doigts, pouce en dessus, en allongeant la paume. Dans les gestes attractifs, violents, on se contentera de saisir le poignet. Il y a une différence entre le geste de l'*accolade* et celui du *baiser*. Dans le premier cas, le protagoniste place la main gauche sur l'omoplate de l'antagoniste, saisit de la main droite la main droite de ce dernier et lui frôle la joue de la sienne ; dans le second cas le protagoniste se rapproche de l'antagoniste à le toucher, lui prend la main comme pour l'attirer à lui et lui entoure les épaules puis la taille du bras resté libre. Le baiser proprement dit affecte différentes places du visage suivant le caractère qu'on lui imprime.

Si des gestes d'amour et d'amitié nous passons aux gestes aggressifs, nous observerons que pour tirer l'épée, la main gauche en agissant sur le fourreau qu'elle écarte du corps, facilitera la prise de la poignée de l'arme par la main droite dont la paume est tournée en dehors. On tirera la lame verticalement de bas en haut en même temps que la main se retournera, on ramènera le coude à la poitrine; on prendra la garde en portant le pied droit en arrière. Quant au coup de couteau, de poignard, il sera donné de toute la vigueur du bras, mais en dissimulant la pointe par un simple tour de poignet au moment où l'on va toucher l'antagoniste.

Savoir *tomber*, est, au cinématographe comme au théâtre, tout un art. Une première manière, plutôt féminine, consiste à tourner de côté, à s'affaisser sur un genou, le bras allongé et la main bien à plat sur le sol, l'autre main esquissant le geste d'étreindre le front ou la poitrine ; la tête s'incline sur l'épaule du côté où l'artiste doit tomber, la jambe opposée s'étend puis le corps se renverse complètement, les talons glissant sur le parquet, les jambes s'allongeant simultanément. La deuxième manière, très dramatique, demande aussi plus d'exercice ; les mains se crispent sur la blessure ; faire un pas en avant, se dresser sur les talons rapprochés, creuser les reins les bras étendus, paume des mains en dedans pour amortir le choc et préserver la tête.

Ces gestes et les attitudes que nous venons de décrire ont le mérite sinon de la nouveauté, du moins de n'être jamais laids. Ils sont avant tout inspirés par le souci de la discipline théâtrale. Mais ce n'est pas là ce qu'il faut entendre par *art mimique*. L'art mimique repose en effet d'une part sur la connaissance, sur l'interprétation systématique des éléments que la nature nous fournit elle même, par les contingences journellement observées sur le langage d'action ; d'autre part sur l'étude des tempéraments dont on fera dériver les caractères, les situations dramatiques. Ce sont là deux parties bien distinctes et qu'il importe d'examiner méthodiquement.

Je retrouve dans « Photo-Magazine » 1908 un intéressant article sur les « suggestions d'une Pose », dans lequel l'auteur, d'après Weston, indique comment en modifiant la position des membres d'une simple poupée de bois, on arrive à suggérer, grâce à l'attitude, cinq caractères différents : décision, réflexion, satisfaction, délibération, nonchalance. C'est en partant de ces expressions très simples que nous pouvons arriver à définir des expressions complètes, à jeter les bases de l'art mimique.

Suivant qu'elles sont ou non volontaires, ces expressions peuvent être divisées en actives ou passives.

Lorsque la tête s'incline, paupières baissées, alors que le corps repose d'aplomb sur les jambes, les talons se touchant, le mime' semble traduire un sentiment assez vague d'attente passive, respectueuse, d'aquiescement allant jusqu'à la servilité. Mais lorsque, la tête avancée, le regard se fixe, lorsque le poids du corps vient peser sur la jambe qui est tournée du côté de l'action, c'est que l'attention s'éveille à l'instigation du désir, d'une émotion, d'une cause extérieure. Si à ce moment le mime tourne la tête, c'est que l'indifférence a fait suite au primitif mouvement d'enquête. Mais si la tête est tournée d'une façon plus prononcée, si le regard se porte franchement en arrière, s'il est voilé par la paupière supérieure, si le torse suit le mouvement du regard, si le pied opposé à l'action est prêt à quitter le sol, c'est que le sentiment, d'abord attentif, s'émeut, tourne à la bienveillance, à l'appel discret, familier ou galant. Le demi-sourire esquissé par la bouche caractérise le plus souvent la dissimulation, l'hypocrisie et cela d'autant plus que les paupières se ferment davantage pour laisser le regard équivoque filtrer sous les cils ; en outre, les sourcils, en se rejoignant, créent sur le front trois plis verticaux ; les joues en remontant sur les yeux rendent le sourire sarcastique. L'attitude du torse devient obséquieuse, les genoux plient légèrement.

Aux écoutes, le mime face à l'appareil prise de vues portera le poids du corps sur la jambe opposée à l'action, la tête suivant le mouvement interrogateur des yeux; l'acteur veut-il indiquer qu'il a entendu? Son regard reviendra droit à l'opérateur et sa physionomie se modifiera suivant la nature de l'impression ressentie. Si cette impression est celle de la défiance, un des coins de la bouche tombe pendant que la joue remonte pour fermer à demi l'œil du même côté de la face. A rapprocher de cette mimique une attitude d'*aparté* ayant une intention péjorative, l'artiste ne souriant que d'un côté de la bouche et par un effet du muscle de la joue, fermant à demi l'œil comme dans le cas précédent; sous l'influence du dépit, la mâchoire supérieure vient mordiller la lèvre inférieure en même temps que la tête est brusquement rentrée entre les épaules et que les mains ont comme un sursaut auquel le torse participe légèrement. L'artiste veut-il souligner la gravité de l'objet de sa préoccupation? Le visage s'allonge, un œil se ferme alors que l'autre s'ouvre plus grand, les lèvres se plissent pour le simulacre de siffler. Le soupçon éveillé devient-il de la méfiance? Les sourcils se rapprochent, les coins de la bouche tombent, les joues viennent boursouffler les yeux dont le regard glisse de côté. Le corps est porté en arrière en même temps que, du côté de l'action, une main se lève à hauteur de l'épaule. A cette mimique, à cette attitude qui traduisent le soupçon interrogateur, s'opposent des gestes synonymes de mépris, d'ironie injurieuse. Le regard se voile, un coin de la bouche se relève, la tête se détourne. Ce sont là encore gestes d'aparté, de confidence au public ; mais lorsque le mime s'adresse directement à son partenaire, à l'objet, à la personne qu'il dénigre, son regard devient fixe, la tête soulignant le toisement d'un mouvement de bas en haut caractéristique. Parfois la manifestation du sentiment de répulsion ou d'horreur va jusqu'à l'imprécation ; la bouche s'ouvre comme pour crier ; les sourcils s'abaissant, le regard s'élève comme pour prendre le ciel à témoin ; c'est encore là un aparté d'un genre particulier, au cours duquel l'attitude du corps est également modifiée ; les jambes fléchissent, les mains sont portées en avant comme pour le simulacre de repousser. La répulsion d'abord instinctive devient-elle du dégoût réfléchi ? Les coins de la bouche s'abaissent, les narines ont un retroussement significatif, le corps revient en avant, prêt à l'offensive.

Une attitude antagoniste de la précédente, et traduisant la fermeté dans la résolution, consiste dans le redressement de la tête, le regard s'assurant, la lèvre inférieure devenant subitement dédaigneuse.

Si par un effort de volonté, résistant à l'emprise de

l'ennui l'esprit est comme tendu vers la recherche des moyens de vaincre, les mâchoires se contractent, le regard se fait inquisiteur, les sourcils s'abaissent pour se joindre; mais le découragement, l'angoisse viennent-ils briser le premier élan de révolte, la tête se penche comme accablée, le regard désespéré est légèrement levé, sous les sourcils toujours abaissés, les lèvres sont moins serrées et en même temps que les joues s'effacent, puis se creusent, les coins de la bouche se relèvent.

Le réveil de la volonté, un moment paralysée, est souvent accompagné d'un mouvement de colère, la mâchoire inférieure vient alors mordre la lèvre supérieure; sous les sourcils très légèrement baissés les yeux s'ouvrent largement; les poings se crispent, le poids du corps porte franchement sur la jambe tournée du côté de l'action, la tête est comme portée en avant, la bouche profère l'invective.

A une mimique exprimant des actes volontaires, réfléchis s'opposent des jeux de physionomie traduisant plus particulièrement des sentiments subjectifs, instinctifs. C'est la joie ou le désir qui font se gonfler les lèvres, s'élever les sourcils; lorsque ce jeu de physionomie est accompagné d'une inclinaison du torse et de la tête sur le côté, il souligne la coquetterie, la suffisance; les joues en se gonflant donnent à la physionomie une expression orgueilleuse; l'attitude dénote la présomption, lorsque les jambes sont tenues écartées. Le masque de l'ignorance, du doute passifs, est caractérisé par les plis transversaux du front, la bouche faisant la moue.

Nous avons signalé que l'acte de se mordiller la lèvre inférieure marquait le dépit lorsqu'il y avait en même temps abaissement des sourcils. La signification devient celle de l'étonnement joyeux, lorsque les commissures des lèvres se relèvent; la tête rentre alors dans les épaules qui font le dos rond en même temps que le regard s'élève; si l'admiration manifestée est d'ordre sensuel, les mains font le geste de se joindre. La jouissance traduite est d'ordre plus grossier lorsque pour faire s'élargir davantage le sourire, les joues remontent d'autant sous les yeux mi-clos. Le front se plisse et le rire éclate ou bruyant, ou discret, ou comme figé ; la tête est alors renversée, les yeux sont comme révulsés, la bouche n'est que mi-fermée, c'est l'attitude de la *pamoison*.

La sensation éprouvée peut s'exacerber, devenir douloureuse ; les plis horizontaux qu'on remarque sur le front persistent, mais les sourcils se joignent d'autant plus que l'émotion retentit davantage au fond de l'être; pourtant lorsque le parallélisme s'établit entre les plis horizontaux du front et les sourcils fortement arqués, les paupières supérieures recouvrent les yeux, tous les muscles de la face apparaissent comme flasques ;

la bouche s'ouvre, la physionomie n'exprime plus que l'hébétude. A un moindre degré, avec moins de relâchement, le masque devient celui de la déception ou de la honte ; la tête s'incline, la bouche fait la moue, le regard luit sous les sourcils froncés, en même temps que le corps a comme un mouvement de retrait, accompagné d'un détour d'épaules. La mimique par laquelle se caractérise la honte est très proche de celle qui indique la plainte, qui souligne le geste de quémander. Le torse se courbe, les épaules sont rentrées, des plis antagonistes marquent le front, la lèvre inférieure avance, les joues sont comme tirées, le nez est pincé, les jambes sont affaissées. Les larmes vont-elles sourdre ? Les sourcils se relèvent, les plis frontaux sont contrariés, les commissures des lèvres fortement abaissées et lorsque les sanglots éclatent, la partie inférieure de la face se contracte, le nez grossit, les paupières viennent clore les yeux. Enfin, sous l'action même de la douleur, les pleurs cessent de couler ; sous les sourcils fortement arqués, les yeux sont comme exorbités, le rictus déforme la bouche ; la tête et le torse sont rejetés en arrière, les mains tendues comme pour repousser, ou portées aux tempes, les étreignent. Si la tête est comme rentrée dans les épaules, la mimique est encore plus poignante.

D'une façon générale le surélèvement des sourcils accompagne et souligne les différentes phases de l'étonnement; en même temps que la tête est portée en avant, la bouche s'ouvre plus ou moins. Mais lorsqu'à l'étonnement font place la peur, la crainte objectivée, les sourcils s'écartent, les muscles de la face semblent tirer sur la bouche pour l'obliger à crier.

Nous pourrions multiplier les exemples ; mais outre qu'on trouvera des renseignements complémentaires dans les ouvrages documentés, de Polti et d'Aubert; nous croyons avoir démontré que les gestes ont une étymologie, une grammaire comme les mots, ou plus exactement comme le langage oral. La mimique est un langage d'action; si les origines en sont intuitives, l'éducation peut en perfectionner et en fixer la forme et comme le sens grammatical.

Pour être complet, il nous faudrait insister sur le mécanisme de la marche à pas comptés, bien différente lors ue l'on veut éviter un obstacle ou lorsque l'on veut étouffer ses pas, dans le but de surprendre. Il nous faudrait aussi entrer dans des détails utiles sur les danses, leur technique et leurs caractères. Nous devons terminer cette rapide étude par quelques mots sur les personnages du drame et de la comédie tels qu'il les faut concevoir au cinématographe.

Le cinématographe a multiplié les « emplois » pour cette simple raison qu'il nous doit des « portraits » parfaits, une représentation exacte des différentes catégories sociales. Un bon metteur en scène se double d'un psychologue averti, souvent d'un ingénieur consommé.

Le scénario n'échappe pas aux règles générales qui dominent le théâtre tout entier. Autour de l'idée générale par laquelle l'auteur se propose de démontrer ou de conclure se groupent d'abord les circonstances capitales nécessaires à l'action (nœud de l'intrigue) d'où surgissent les grands rôles : protagoniste, antagoniste ; le personnage, l'objet qu'ils se disputent ; le personnage qui équilibre les circonstances de la querelle (parent, ami commun), le conseiller bon ou mauvais, les exécuteurs ou intermédiaires, la figuration plus ou moins active. Ce sont précisément les grands rôles de canevas qui donnent naissance aux « emplois ». Jeunes premiers et jeunes premières ou amoureux ; premiers rôles, premiers rôles marqués, pères nobles, les grimes ou ganaches, les financiers, les troisièmes rôles (traîtres, tyrans et barbons), les premiers comiques, ou grande Livrée, seconds comiques ou petite Livrée, les domestiques. Tous ces personnages se distinguent entre eux par leur aspect extérieur. Au cinématographe ils deviennent de « traditionnels » exclusivement « professionnels ».

Mieux que le théâtre, le cinématographe contribue à élargir le cadre des personnages que l'art dramatique nous peut soumettre. Avec lui nous prenons contact avec le monde entier, grâce aux opérateurs-explorateurs qui nous ont apporté sur les lointains pays des documents aussi exacts que précieux. Rien n'est différent par exemple du nègre de comédie comme le nègre réel. Que de sujets nouveaux l'auteur de scénarios ne peut-il pas tirer grâce à cet œil qui pour lui s'est ouvert sur des civilisations, sur des mœurs, sur des coutumes jusque là insoupçonnées !

Le théâtre cinématographique objective les tempéraments et nous les rend tangibles. Polti, dans son livre, en donne de très exactes définitions. Il nous montre le *nerveux*, homme des larges plaines, imaginatif, souvent démoniaque ; le *bilieux* hardi, conquérant, impérieux raisonneur, dont la maladie morale est la manie de la recherche du paradoxe ; c'est Cyrano, amoureux du panache ; le *sanguin* est sceptique à l'excès, à la fois audacieux et lâcheur, facile aussi à s'adapter ; enfin le *lymphatique* à la pensée profonde, patient, épris du vrai, de la réalisation collective ; son geste est lourd, son goût pour l'étude n'est jamais satisfait.

L'union du bilieux et du lymphatique nous donne le personnage dont l'énergie est *objective* et qui, au point de vue mimique, se traduira par l'harmonie du geste et des traits du masque, la posture droite du corps ; ami de l'ordre, de la famille, c'est un bourgeois. Les *subjectifs* sont à la fois cupides, jaloux, despotes. Leurs traits sont pleins d'expression, leur regard a de la fixité. Ils nous fournissent les peintres et les musiciens, les chimistes. Leurs gestes sont comme irrités, ils marchent à pas pressés, petits.

La combinaison des sanguins et des bilieux nous donne les *actifs*. Ils sont ceux qui, au propre et au figuré, « ne vont pas par quatre chemins », leur attitude est toujours en puissance de mouvement; mais la puissance de leurs gestes ne va pas sans un caractère de grossièreté. Ils ont avant tout le culte de la force et de la liberté individuelle. Ils jouent facilement leur vie, aussi facilement qu'ils la refont.

De l'union du nerveux et du lymphatique nous vient le *lascif*, le sensitif à la démarche onduleuse, aux gestes involontaires. Ils sont tendres, fidèles et croyants, leur élégance est pleine de recherche, ils ont de la tradition, mais ils manquent de volonté et leur finesse n'est souvent que de l'hypocrisie.

Les *intellectuels* sont issus des bilieux et des nerveux. Idéalistes, avares, ambitieux, toute leur sensibilité est pour eux comme une forme de la sagesse. Leur démarche est allongée, accusée, leurs gestes à tics ; ce sont des personnels.

Les corporels sont des matériels, des réalisateurs, leur démarche est prompte, leurs gestes sont directs. Ils ont pour types les industriels, les artistes réalistes.

Mais il nous faut conclure. Les œuvres des peintres et des statuaires et, plus particulièrement celles de Rodin, peuvent nous livrer tous les secrets du geste et de l'attitude ; mais cela ne suffit pas. Il faut nous inspirer de toute la littérature dramatique, que dis-je ? de toute la littérature pour soigneusement en déduire à côté des figures humaines auxquelles nous donnons le nom de caractères tout ce qui peut nous apparaître comme l' « accessoire » c'est-à-dire la situation et l'intrigue. De ce que doit dire un personnage nous pourrons toujours traduire les gestes et les attitudes correspondants. Et cela est si vrai que nos meilleurs artistes du film sont toujours obligés d'accompagner leur jeu de paroles souvent énergiques pour trouver grâce au mot, le mouvement, la mimique appropriés. Auteurs écrivez, réellement vos scénarios. Le cinématographe est aussi une « littérature ».

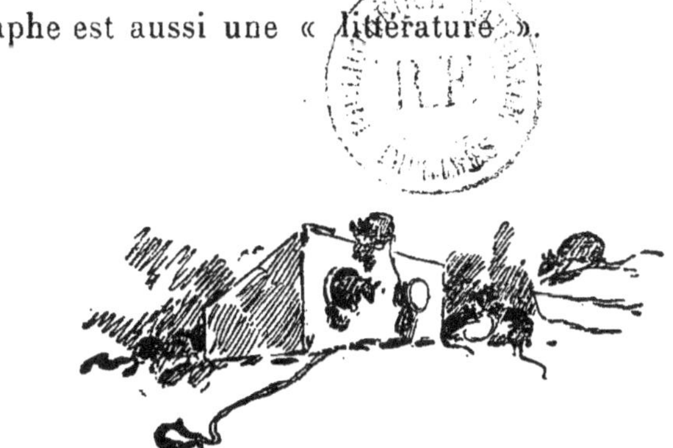

www.ingramcontent.com/pod-product-compliance
Lightning Source LLC
LaVergne TN
LVHW010302230826
846091LV00007BB/2657

* 9 7 8 2 3 2 9 5 4 6 8 4 1 *